ATITUDE CRÍSTICA

Canalizado por L.B. Mello Neto

Stella

ATITUDE CRÍSTICA

As 22 virtudes do amor para a ascensão

MEROPE
editora

Copyright © L.B. Mello Neto, 2025
Copyright © Editora Merope, 2025

CAPA	Natalia Bae
PROJETO GRÁFICO E DIAGRAMAÇÃO	Natalia Bae
COPIDESQUE	Débora Dutra Vieira
REVISÃO	Hebe Ester Lucas
COORDENAÇÃO EDITORIAL	Opus Editorial
DIREÇÃO EDITORIAL	Editora Merope

Todos os direitos reservados.
Proibida a reprodução, no todo ou em parte, por quaisquer meios.

Dados Internacionais de Catalogação na Publicação (CIP)
(Câmara Brasileira do Livro, SP, Brasil)

Stella (Espírito)
    Atitude crística : as 22 virtudes do amor para a ascensão / [ditado pelo Espírito] Stella ; canalizado por L.B. Mello Neto. -- 1. ed. -- Belo Horizonte, MG : Editora Merope, 2025.

    ISBN 978-85-69729-41-9

    1. Amor 2. Autoconhecimento 3. Consciência 4. Energia vital 5. Espiritualidade 6. Mensagem canalizada 7. Misticismo 8. Parapsicologia I. Mello Neto, L.B. II. Título.

25-265004   CDD 133

Índices para catálogo sistemático:
1. Mensagens canalizadas : Espiritualidade 133
Eliete Marques da Silva - Bibliotecária - CRB-8/9380

MEROPE EDITORA
Rua dos Guajajaras, 880, sala 808
30180-106 – Belo Horizonte – MG – Brasil
Fone/Fax: [55 31] 3222-8165
www.editoramerope.com.br

SUMÁRIO

1. Humildade 7
2. Serenidade 11
3. Compaixão 15
4. Compreensão 19
5. Disciplina 23
6. Sensibilidade 27
7. Autocontrole 31
8. Temperança 35
9. Resiliência 39
10. Força 43
11. Presença 47
12. Irmandade 51
13. Generosidade 55
14. Desapego 59
15. Visão 63
16. Abundância 67
17. Fé 71
18. Verdade 75
19. Pureza 79
20. Coragem 83
21. Paciência 87
22. Alegria 91

1
HUMILDADE

Qual é o seu tamanho?

Tudo que representa a sua realidade existe porque vocês existem. Nada é maior ou menor do que vocês. Tudo é uma representação, assim como vocês o são para as pessoas, os seres que compõem a Terra, a natureza, os ambientes e o universo do qual fazem parte. A comparação cria o tamanho que vocês têm transpondo-os para um lugar que no fundo não é seu.

Ao depararem com o olhar e os pensamentos comparativos, vocês se encontrarão diante do dilema da superação, em que o sentimento de superioridade conforta e o de inferioridade, provoca. Em ambas as situações, vocês vão se colocar no extremo, que tampouco representa tudo o que são.

Vocês foram inseridos em um modelo de relações a partir do qual, sem discernimento, poderão encontrar o distanciamento do que realmente representam. Vocês são testemunhas da existência materializada em um corpo que respira.

Elevando-se, vocês entenderão que as condições de sua espécie são as mesmas, o que suprime a necessidade de comparação e evita que caiam em toda e qualquer armadilha que os coloque acima ou melhor que os outros.

Todos vivem provações. Reconhecer as suas provações e as dos outros coloca vocês em um mesmo assento na cadeira do universo.

Ao assimilar o entendimento de sua precária condição igualada aos demais, poderão beber da humildade do viver. A humildade representa o lugar em que vocês se colocam sem ser menos nem mais, apenas sendo.

Humildade é o caminho percorrido pelo coração em comunhão com a consciência maior de toda manifestação da existência.

A humildade traz o reconhecimento do uno dividido em partes para se autoexperimentarem, sendo vocês um fragmento dessas partes.

Humildade não tem a ver com sentirem-se pequenos ou fazerem-se iguais aos demais, mas com inteirarem-se de seu papel, de sua presença na comunhão com todos os irmãos.

A humildade surge com a palavra sem subentendidos, sem medo, sem defesas e sem desejos.

Vamos ajudar vocês a compreenderem a sua jornada de forma reversa. Vocês são uma parte de diversas partes que estão sendo experimentadas em diversos campos para uma evolução para outros planos. Em determinado momento, essas partes se juntam com todas as experiências e evoluções acumuladas. Quando se reúnem, essas partes se integram formando uma só consciência. Essa consciência também é uma parte de diversas consciências que também, em determinado momento, se fundem com todas as experiências.

Esse é o seu movimento reverso e o de todas as pessoas com as quais se relacionam e não se relacionam. Todos estão aqui sob a mesma condição. Vocês não sairão sozinhos deste planeta e desta condição de rondas encarnadas. De certa forma, vocês são todos irmãos e precisam uns dos outros para se elevarem e sair da roda de encarnações.

Compreender que todos estão sob a mesma condição lhes traz possibilidades vibracionais: cansaço ou humildade.

O cansaço pode vir pela estrutura de distanciamento do mundo espiritual e pela ausência da compreensão de que o tempo e o espaço diferem de sua realidade. Por vezes, é bom que fiquem realmente cansados. O cansaço é um esgotamento da insistência em não se alinhar à verdade e ao absoluto em essência. Ao final do ciclo de encarnações, que são rodas de repetições de lições não aprendidas que colocam um ser em provação, há um esgotamento espiritual, emocional e físico que muitas vezes leva pessoas a enlouquecerem, perderem a vontade de viver ou até mesmo tirarem a própria vida. Esse cansaço é o desespero do distanciamento e a ausência da humildade.

Os regentes deste universo disponibilizam campos que não podem ser enganados e que proveem todas as forças àqueles que humildemente se colocam em evolução. Por certo podemos ver essas leis cósmicas regendo naturalmente a evolução de cada um. Essas forças e leis estão dentro de vocês. Quando se aproximam da verdade, elas os empoderam, e quando se afastam, elas os pressionam. Não há como escapar da evolução que, em seu tempo, ocorrerá.

Resta-lhes perceber se o cansaço lhes toma o espírito.

Se assim for, não desanimem, apenas entendam que a humildade ainda não dominou seu coração no nível requerido por seu espírito.

Voltem-se para dentro de si e revisitem seus olhares, suas preferências, o entorno criado e tudo que trouxeram para preencher sua vida. São nessas coisas trazidas que poderão encontrar tudo o que vocês são.

À medida que seu olhar e seus sentimentos vão mudando, sua vibração se elevará a ponto de sentirem toda a grandiosidade que são e, ao mesmo tempo, que não são. A sensação de ser e não ser representa o clímax da humildade natural.

A humildade pode nascer da aceitação de sua condição e da gratidão pela oportunidade de terem a experiência do viver na ilusão da terceira dimensão, mesmo sendo uma pequena parte dela, bem como de atrair atitudes que elevem sua vibração a ponto de contribuir com todo o coletivo que vocês representam.

Ao ascenderem à verdadeira humildade, vocês não têm mais planos nem a vontade de voltar a encarnar, e surge o desprendimento de sua persona, chegando mesmo a se permitirem desdobrar-se e abrir-se a toda e qualquer experiência que poderá trazer evolução ao coletivo, ainda que isso signifique seu desmembramento.

Esse estado os coloca em condição de serviço, ou seja, vocês estão à disposição do cosmos para evoluir; não porque nada sejam, mas porque reconhecem que são tudo e a comparação simplesmente deixa de existir como elemento de existência material.

O ir e vir são conjugações necessárias para que o movimento de ascensão possa ocorrer.

Por mais que vocês se cansem de tantas idas e vindas a este planeta, saibam que tudo finda. Em algum momento sua ascensão ocorrerá e sua alma será grata por ter todas as oportunidades de encarne sequencial.

Vocês vêm e vão a todo tempo no planeta a fim de se fundirem em vibrações mais elevadas e sair da bolha cósmica da prisão. Vocês são espiritualmente incansáveis. Quando alcançarem o entendimento de um ciclo com milhares de experiências da espécie, aceitarão que a vida é uma poeira no conjunto do esforço.

2
SERENIDADE

Qual é o seu tempo?

Sua presença está vestida em um corpo que respira um fluxo diário de atividades. Vocês vivem a vida encarnada com uma ilusão de espaço-tempo. Sua mente pode lhes enganar colocando-se no passado e no futuro, mas isso é uma ilusão que lhes tira da atual condição de alinhamento com seu *self*. A busca pela conexão é o instante da respiração, o ar que entra e sai, a mente que percebe a sua presença.

Vocês caem na própria armadilha quando a pressa domina a sua vida. A condição de busca contínua por sobrevivência em que vocês se encontram faz com que sejam tomados por um pensamento inconsistente de aceleração sem fim. É como se vocês fossem obrigados a viver tudo de uma só vez.

A cada ano que passa, seu tempo está sendo encurtado até chegarem ao ponto zero, em que haverá uma interconexão dimensional com a transmutação do planeta e de todos os seres que aqui vivem.

Essa transmutação colocará o plano em multidimensões, e vocês terão de volta um corpo mais apurado para seguir no processo evolutivo.

As crianças que nascerem nos próximos cem anos já receberão uma configuração corporal distinta. O que restará àqueles que ainda estiverem habitando um corpo antigo é elevar os pensamentos e vibrações para que possam trazer para si as energias cósmicas que chegam em abundância.

A não regulação desse processo energético cósmico os levará ao que falamos sobre a "pressa".

Essa pressa, que é provocada, tira vocês por completo da condição de beber na fonte e usar o ritmo natural da vida. Podemos ajudá-los mostrando que a pressa é o resultado do mau uso do volume de energia e do entrelaçamento que os novos tempos apresentam.

Quando perceberem a "pressa" que ocorre tanto em momentos fragmentados quanto recorrentes na vida de alguns de vocês, terão condição de se abrir ao conhecimento da melhor forma de aproveitar toda essa energia sem ter que lutar ou sofrer por conta disso.

Reconheçam quando começam a falar demais e deveriam se calar, quando aceleram seu veículo e deveriam ter mais cautela, quando sofrem esperando por algo sobre o qual não têm controle, quando não conseguem esperar pelo outro, quando mantêm a respiração acelerada todo o tempo, quando se irritam constantemente com o ritmo de outros. Seu reconhecimento sobre essas e outras situações lhes dará um bom passaporte para mudanças.

Quando conseguem ter a presença da mente no instante, vocês alcançam a expansão necessária para dimensionar o tamanho e a extensão de cada coisa em sua vida.

Tudo está orquestrado e conjugado. Vocês se encontram nesse tabuleiro e fazendo seu jogo, que é longo e integrado; portanto, por que a pressa?

Quando compreenderem o ritmo de sua vida e o fluxo universal, vocês acelerarão quando tiverem que acelerar, não por falta de opções, mas porque é uma escolha consciente de seu espírito.

À medida que aprendem sobre o fluxo universal e entendem que vivem em uma microbolha que representa uma fração mínima de tempo (ainda ilusório), vocês param de se deixar levar pela ansiedade e pelo sofrimento. Vocês aprendem a lei do tempo-espaço da evolução. A serenidade está na comunhão com os senhores do tempo, que regulam tudo e todos dentro do jogo em que vivem.

Vocês lidam com muitas atividades, como se alimentar, decidir, analisar, conversar, resolver, enfrentar, consertar, comunicar, relacionar-se e se divertir, entre tantas outras ações cotidianas.

A serenidade é alcançada nas relações que vocês estabelecem com o mundo e as pessoas, quando compreendem o tempo e a extensão correta de cada coisa em sua vida.

Tudo tem seu próprio tempo, concordem ou não; essa é uma condição. Ao encarnar em uma espécie, estão sujeitos, na condição vibracional do corpo, a se manifestarem em um volume de tempo que está estabelecido. De igual forma, vocês podem atribuir a mesma condição às pessoas que amam e fazem parte de sua realidade provisória. Todas têm um tempo. Assim como as pessoas, as coisas também estão programadas.

A serenidade não envolve abandonar, deixar ir ou mesmo consentir com qualquer movimento de encerramento, mas pode ajudar a compreender e produzir a energia correta para lidarem com tudo aquilo que se vai.

A serenidade é a entrega ao fluxo, ao tempo de cada coisa e ao alinhamento com seu centro.

Quanto mais aprenderem sobre os ciclos e microciclos, mais fácil ficará compreender a vida e seu ritmo temporal.

Vejam como seu mundo foi estabelecido com absoluta autorregulação de estações, linhas de calor e frio, fluxos dos ventos, Sol, Lua e outros astros. Todos esses elementos carregam o tempo das coisas. Tudo tem um tempo e um ciclo que se fecham, e não adianta lamentar esse encerramento.

A serenidade é encontrar o tempo dos tempos de cada coisa e de cada ser, assim como compreender sobre o fim. Especializem-se em fins. Assim aprenderão sobre tempos.

Quando alcançarem a atitude de serenidade, a luz crística descerá sobre seu corpo iluminando sua sabedoria com tempos e movimentos, ensinando-os a se colocar diante do mundo.

Acreditem, a serenidade já habita em vocês; encontra-se no lugar mais profundo de seu ser. Tudo o que precisam fazer é dar espaço para que, no tempo certo, ela brote em seu coração e mente, mudando a sua forma de olhar, de falar e de agir. Nesse momento, a atitude crística nasce em comunhão com tudo o que vocês são.

3
COMPAIXÃO

Onde está seu espelho?

Vocês se reconhecem a partir da condição fragmentária que envolve a humanidade. Vocês estão partidos, fracionados, mantendo o foco do desenvolvimento encarnatório em sua individualidade.

Neste período, a condição no planeta Terra é de desigualdade. Em outros períodos, vocês viveram a mesma desigualdade. No entanto, existiram civilizações mais homogêneas em épocas remotas.

Muitos de vocês têm a vontade e a ilusão de construir um mundo de igualdade. Isso é nobre, mas não representa a condição da matriz encarnatória de sua espécie, nem mesmo a do planeta. A qualidade vibracional dos seres que encarnam, mesmo sendo cada vez mais elevada, não é igual para todos. Portanto, as histórias e atitudes de vida serão descompassadas e isso faz parte ainda da jornada de aprendizado e evolução de vocês.

Vocês conviverão com pessoas muito sábias e outras, não; lidarão com gente honesta e corrupta, rica e pobre, gentil e bruta, enfim, com toda a diversidade energética. Não adianta lutarem contra isso, pois é uma característica do campo cósmico. Vocês não têm controle sobre isso.

ATITUDE CRÍSTICA

Todo o ciclo de centenas de milhares de anos do seu tempo representa um "jogo" de cartas já definidas. Resta a vocês aprenderem a jogar e sair da ilusão de que estão no controle do jogo. Nem vocês nem ninguém está. Vocês estão jogando, simplesmente isso.

Quando perceberem que a natureza do jogo não é igual para todos, restará a vocês decidir como vão olhar para aquele seu próximo que está em uma condição diferente da sua, que lhes incomoda, perturba, agride e provoca.

A atitude crística de olhar para dentro de cada um elimina a tendência de julgamento, comparação e indiferença em relação ao outro.

A compaixão representa uma virtude sagrada que lhes permite penetrar na vibração da alma alheia e captar o sentido do viver e das experiências daquele ser.

A compaixão envolve parar e observar. Simplesmente parem diante de alguém e olhem para essa pessoa procurando entender que, em outros tempos, ela poderia ser você. Como se sentiriam? O que essa pessoa está sentindo? Pelo que ela passa? O que o ser dela procura?

Essa pessoa não está só, ela é um aspecto de um ser maior procurando evoluir a partir de uma experiência encarnatória probatória.

Todos estão aqui para buscar evolução. Alguns lúcidos, outros não, mas vocês estão em uma jornada evolutiva. Ninguém esbarra em sua vida por acaso.

Quando passam a enxergar as pessoas e captar que há uma alma buscando experienciar uma vida mais difícil, vocês podem ser solidários, ajudar, aprender ou mesmo seguir em paralelo sem fazer nada.

A compaixão, à medida que é vivida, expande o coração e os coloca em um campo crístico que os conecta com mestres das relações humanas.

O despertar da compaixão lhes torna pessoas prósperas em atitudes de ajuda. Apaixonar-se pela experiência humana é se jogar para dentro de um mundo de complexidade, sendo capaz de enxergar um autorretrato em cada pessoa com que convivem.

Quando convivem com outros, vocês experimentam três condições básicas da alma: ou já viveram aquilo em vidas passadas, ou estão vivendo a mesma situação, ou ainda vão vivê-la.

Se passassem a olhar para cada pessoa sob essas três perspectivas da alma, não haveria, a princípio, motivos para que não compreendessem minimamente as próprias atitudes. Todos estão vivendo o que precisam viver para se elevarem a um nível vibracional mais favorável.

Ajam como pessoas generosas com o próximo quando compreenderem a realidade que o envolve, por mais precária que seja em termos vibracionais. Ainda que oferecendo uma singela oração.

Ao se conectarem com uma história de vida, ou mesmo de encarnações vividas, vocês abrem a compaixão crística de níveis superiores. A compaixão crística os coloca a serviço da luz, e suas palavras e atitudes terão maestria divina, que lhes retribuirá com campos de harmonia.

A compaixão é um elemento crístico que traz a verdade oculta e os eleva a ponto de não se sentirem atingidos por palavras e ações das pessoas que os cercam.

4
COMPREENSÃO

Em tudo há um sentido e uma lógica, vocês conseguem captá-los?

Vocês descem para viver uma vida encarnada com tudo interligado, em uma teia de relações, eventos e programações individuais e coletivas.

Sua lógica inicial, até por causa de sua condição de vulnerabilidade, é de concentrarem-se em sua subsistência.

Vocês estão em uma condição na qual precisam respirar, comer, dormir e tudo o mais, e isso tem um custo. Esse custo bate à sua porta ao longo da existência, mas pode ser subsidiado por seus pais ou protetores. A lógica sob a qual são criados e desenvolvidos neste mundo é de busca contínua pela sobrevivência. Alguns de vocês trabalham para somente pagar suas contas, enquanto outros conseguem gerar riqueza extra que lhes dá tranquilidade.

A lógica deste mundo atual envolve entregar seu tempo e seu esforço para obter recursos que sustentem a sua vida.

Uma vez que aprendem a conviver e lidar com isso, vocês passam a assumir mais responsabilidades de gerar recursos e sustentar os outros.

Ainda assim, o risco sempre pairará sobre sua cabeça por conta da realidade de incerteza deste modelo de mundo.

Quando passam a entender que todos vocês estão submetidos às mesmas condições e que cada um tem sua própria forma de lidar com isso, resta-lhes perceber como cada ser humano funciona, se é que isso lhes interessa.

Quando se dedicam a compreender a lógica do mundo e do ser humano em suas decisões e reações, vocês abrem espaço e vibração para a chama crística iluminar seus caminhos e sua visão.

Compreender sob uma perspectiva crística significa enxergar o todo espiritual e material, unificado e individualizado; entrever aspirações e sofrimentos, luz e sombra.

A compreensão não é particularizada, mas estabelecida pela comunhão com o todo. Portanto, vocês precisam reunir diversos entendimentos antes de formular uma compreensão sobre as coisas que estão acontecendo em seu tempo atual.

Vamos ilustrar o entendimento.

Suponhamos que seus irmãos estão brigando por conta de times de futebol.

O que isso representa? Quanto isso os incomoda? Vocês devem se envolver? Está na hora de pôr um fim nessa disputa?

Vocês pertencem a uma família sanguínea. Ainda se sentem parte dela?

Tudo no mundo é fragmentado, por isso as pessoas fazem escolhas diferentes. Vale a pena usar seu tempo e energia nisso?

Toda briga envolve uma sobreposição de poder. Vocês conseguem enxergar isso? Vale a pena intervir? Vai mudar alguma coisa?

No fim das contas, os briguentos se divertem e gastam energia nisso? Vale a pena deixá-los despender essa energia?

Cada um deles tem um desígnio de vida. Isso influencia algo?

Diante dessa situação, vocês devem observar, calar, interferir ou influenciar?

Se pararem para analisar cada cena de sua vida dessa forma, seu coração se abrirá e o ímpeto de agir será freado pela compreensão.

Quando vocês ativam a compreensão, nascem elementos crísticos vivos que fortalecem sua alma e a alinham com uma sabedoria maior.

A compreensão nesse nível abre um portal de sabedoria divina que inunda suas decisões com certezas do que fazer, do que falar e do que pensar. O alinhamento toma conta de seu espírito descendente com tudo o que vocês são.

Nós denominamos esse aspecto de "eu reunificado". A reunificação de tudo o que vocês são, abrindo espaço para um novo entendimento.

5

DISCIPLINA

Por que vocês estão encarnados?

Sua presença neste mundo não se dá por mera obra do acaso, tampouco por uma condição maior imposta; dá-se por uma ânsia de retorno ao seu estado de plenitude vibracional consciente.

Ao se recordarem de que são parte integral de famílias espirituais que navegam pelo cosmos a fim de lhes trazer elevação aos campos mais sutis e infinitos do universo, vocês acessam seu próprio campo e se conectam com uma vontade superior. Essa vontade representa seu hálito de vida e lhes sustenta pelos caminhos que trilham neste mundo. Essa vontade lhes dá determinação para enfrentar tudo o que precisa ser enfrentado a fim de elevá-los na máxima provação.

Essa vontade tem foco, objetivo e finalidade estabelecidos. Ela representa um empenho de energia direcionado para o tempo de toda uma vida. Essa vontade é sua semente de determinação.

Quando decidiram encarnar e se programar em uma ronda de espiral encarnatória, vocês se prontificaram a viver reiteradas vezes até que o campo refizesse a luz das purificações necessárias.

Toda a sua energia foi densificada para estarem em uma experiência encarnada sequencialmente repetida. No fundo, vocês não se cansam, não se afastam e enfrentam. Vocês são a mais pura determinação ao voltarem tantas e tantas vezes a nascer, viver e morrer em diversos corpos e condições para que possam transcender. Estar vivo é a prova da mais pura determinação espiritual.

Todas as vezes que utilizam sua natural determinação, vocês ativam a força de existência que habita em seu espírito e se enchem de luz para fazer o que precisa ser feito.

Muitos de vocês se perdem de si mesmos adotando posturas de fraqueza em vez de agir com determinação ao tomar decisões ao longo da vida.

Quando cedem, vocês se afastam de sua essência. Determinação exige objetivo, direção e força de ação. Esses atributos pertencem ao todo de seu espírito.

Sua encarnação é prova de quanto vocês são determinados. Acolham, aceitem e reconheçam que sua natureza primária é determinada, de modo que possam colocar essa determinação em prática e, assim, reconectarem-se com a vida e a vontade superior.

Qual é o seu senso de dever?

Nem sempre vocês estarão bem, motivados, felizes, em paz ou cultivando as melhores emoções. Sua instabilidade representa seu teste de presença na matéria. Recordem-se de que vocês fazem testes periódicos na matéria para fortalecer seu espírito e, com isso, evoluir.

Sua força é catalisada quando sua decisão de fazer algo supera a sua vontade.

Os testes serão contínuos e ininterruptos em toda a sua jornada encarnada, portanto nem é preciso dizer que qualquer insistência de sua parte em lutar contra as diretrizes planetárias será inócua. Compreendam que vocês são o objeto da provação, de acordo com sua essência maior.

O que lhes resta? Aceitar seria uma boa forma de lidarem melhor com tudo que lhes trará algum nível de dificuldade e incômodo. Seguir simplesmente a sua vontade é uma forma de vocês se renderem ao sofrimento que os espera. Tudo que lhes resta é entender que o que "deve" ser feito vem do senso do que é certo e melhor, e não necessariamente do que é mais fácil e cômodo. Esse "dever" é que os coloca dentro da energia da disciplina.

A disciplina é o caminho da retidão; é a demonstração maior do sacrifício que, no final, revelar-se-á recompensador.

O que é o movimento reto que está alinhado à disciplina? O movimento reto é compreender que os meios não se relacionam com os fins. O certo é o certo, o errado é o errado. A disciplina lhes traz o foco que não deve ser perdido em suas atitudes. Disciplina é movimento. O movimento que vocês escolhem realizar determina a consequência energética de sua vida. Caminhos fáceis se encontram em energias baixas e provocam arrependimentos.

Vocês sabem que precisam cuidar do corpo que lhes foi emprestado para que possam usufruir de uma vida mais plena. Seus desejos transcendem os alimentos saudáveis. Os ambientes e as pessoas próximas testarão sua disciplina e tentarão persuadi-los para que se desviem do caminho.

À medida que se mantiverem retos em seu dever de zelar pelo corpo, sua disciplina vai se consolidar e sua energia vibracional se elevará, trazendo novos níveis de alinhamento cósmico para vocês.

À medida que forem testados e aprenderem a dizer não para o que não devem aceitar, seu senso de dever aumentará. O inverso também prevalecerá em igual proporção.

Sua jornada envolve usar diversas disciplinas para obterem constância de evolução. A disciplina orientada para a evolução vibracional lhes proporciona uma velocidade espiritual inigualável.

ATITUDE CRÍSTICA

A disciplina é um caminho crístico que os sintoniza com mestres planetários e regentes cuja virtude maior é "o que é certo".

O certo está diretamente relacionado com não prejudicar ninguém, incluindo vocês mesmos. Isso requer clareza e outras virtudes que lhes darão o norte de onde devem chegar e o que devem manter como princípios centrais de sua vida encarnada. Esses princípios centrais precisam estar alinhados e ser indissolúveis. Conectados com o cosmos, esses princípios devem ser soberanos de tal forma que nem a morte os afaste de vocês.

Se vocês aprenderem o valor da disciplina, nada mudará seu caminhar e nada terão a temer, nem mesmo seu próprio fim.

A atitude crística pela luz da disciplina fortalece a alma e a torna inabalável – nenhuma ameaça, nenhuma agressão, nenhuma perda, absolutamente nada vai esmorecê-la, porque a disciplina é a força reparadora e construtiva, portanto nada a impede de indicar o movimento que deve ser seguido.

Uma vez que compreendam que a disciplina está disponível para vocês, a escolha certa se torna muito mais simples e acessível. Será possível beber e comungar do campo dos mestres e dos seres ascensos que, além do mais, partilharão as forças deles com vocês.

Quanto mais vencerem os testes aos quais são submetidos para abandonar a disciplina, mais fortes ficarão, a ponto de não mais se sentirem tão pressionados e inclinados a cair em tentação.

6

SENSIBILIDADE

A que distância vocês se encontram do outro?

Quando vocês pensam no outro, provavelmente se forma em seu campo de ideias a imagem de outro ser da sua espécie. Os campos de limitação provenientes da lógica de raciocínio humana estão voltados, de certa maneira, para dentro. Essa concepção da ideia de "outro" provém de um antigo sistema de escravização da espécie, que transmitiu uma mentalidade que se protege a partir da manutenção da vida. Ou seja, vocês têm como lógica instintiva sobreviver e se reproduzir. Esse sistema de pensamento os afasta por completo do campo cósmico ao qual pertencem.

A lógica crística ou o campo crístico reúne uma mente integrada que reconhece a própria manifestação, coloca-se de modo atemporal, percebe-se geradora e causadora, e vibra no todo.

O caminho para o mundo crístico passa pelo resgate de sua sensibilidade com o outro, sendo que esse outro é tudo. Tudo que reúne manifestação e vida. Passa por colocarem-se à disposição para perceber, conectar e sentir o todo que é visível e invisível.

Na condição em que vocês se encontram, compreendemos que há alguns desafios práticos a serem superados para que possam caminhar rumo ao mundo crístico.

Quanto mais presos estiverem ao sofrimento dos desejos diários, mais distantes estarão da sensibilidade. Enquanto focam apenas seus objetivos, dramas e conquistas materiais, vocês canalizam toda a sua sensibilidade para a captação de oportunidades, o afastamento de problemas ou pessoas que compliquem sua vida, a obstinação em ganhar o próprio sustento, o pagamento de contas e a satisfação de prazeres e carências.

Todas essas questões, que envolvem a programação da sua vida, continuarão existindo porque fazem parte de sua jornada de evolução. Não pedimos para que parem tudo, abdiquem de ganhar seus recursos, deixem de conquistar, de sofrer, de buscar seus amores. Apenas queremos lhes mostrar que esse caminho, o qual é necessário percorrer, já é em si a sua distração e um impeditivo para vibrar no mundo crístico.

Uma vez que compreendam que é preciso seguir com sua vida escolhida e abrirem-se para as atitudes crísticas, podemos afirmar que é possível vibrar no mundo crístico e que há caminhos para isso. Talvez até a sua vida acelere e suas programações se concluam trazendo novas matrizes evolutivas para que possam ascender.

O caminho que vocês podem percorrer para uma jornada dupla é desenvolverem a sensibilidade com o outro. Entendam o outro como os seres da sua espécie, os de outras espécies e os mundos invisíveis.

A sensibilidade com os seres da sua espécie pode ser desenvolvida com singelas práticas diárias durante as relações, sejam elas próximas ou não.

Ao estar na presença de outro ser humano, vibrem com ele. Percebam a respiração do corpo que está à sua frente, respirem como ele. Respirando juntos, vocês se conectam ao outro e, ao fazê-lo, o sentirão de uma forma diferente.

ATITUDE CRÍSTICA

Você podem também atentar para a fala, o rosto e as expressões do outro, sentindo o que ele sente. Isso mudará a sua percepção.

Façam pausas antes de falar e permitam o mesmo ao escutar.

Conectem-se com o passado, o presente e o futuro que se revelam na pessoa bem diante de vocês. Ela tem um passado que a moldou e a expõe com sua forma de pensar, seus interesses, seus sistemas de defesa e suas virtudes; ela tem um conteúdo de troca com vocês nesse momento. Olhem para esse conteúdo com a perspectiva do tempo, o que essa pessoa quer, quem ela é, como vibra, em que estado se encontra, quão presente está, quais são seus níveis de verdade. Essa pessoa vive o momento com você, e em breve chegará o futuro que poderá ser influenciado pelo presente de agora. Se pararem para pensar, o futuro nunca chega, é apenas uma ilusão projetada de um presente em movimento. Sintam vocês nesse fluxo de movimento do presente.

Quando se relacionarem dessa forma, vocês se abrirão para a outra pessoa e se aproximarão dela em níveis sutis.

A distância entre vocês diminuirá ou zerará.

Atitude crística é zerar a distância.

Seu caminho para desenvolver a sensibilidade não se fecha nas relações com sua própria espécie. Sua abertura para perceber seres vivos os conecta com o vasto mundo micro.

Comecemos com os seres que estão mais próximos de vocês, por quem nutrem grande estima. Olhem em seus olhos, sintam sua respiração e acalmem-se, acomodando sua energia na presença deles, que são seres sensitivos conectados na presença. Sua energia e vibração são sempre acolhidas e percebidas por eles. Uma vez que façam o mesmo, a distância entre vocês e eles diminui.

Olhar nos olhos deles e senti-los demanda que vocês parem de pensar e projetar perguntas sobre esses momentos. Tudo o que precisam fazer é sentir e olhar. Ao se abrirem para eles, eles se abrirão para vocês. Essa atitude não deve ser dispensada somente àqueles por quem têm grande estima e consideração, mas a qualquer criatura com quem estejam envolvidos.

Alguns seres não têm sistema respiratório, mas emanam um pulsar vibracional passível de ser igualmente percebido.

Essas conexões podem, com o passar do tempo, ser realizadas em um curto espaço de tempo, desde que vocês estejam bem confortáveis com as práticas.

Sua conexão precisa ser treinada com todas as espécies. O reino dos insetos é um lugar muito importante e sagrado. Vocês pouco sabem sobre esse importante reino para o equilíbrio do sistema. Há vários mestres com formas de inseto. Vocês ainda têm uma compreensão muito precária do mundo cósmico que envolve o seu planeta.

Todas as espécies que aqui estão são moldes e projetos emprestados de formas similares existentes em outros mundos, os quais têm também seus ambientes, mestres, evoluções e tudo o mais.

Quando começa a diminuir a distância física entre os seres vivos, o reino invisível que os envolve se abre.

Por exemplo, quando se conectarem com os cães e seus mundos espirituais, com os felinos e seus mestres, com os insetos e seus mestres, com o reino vegetal e sua infinidade de seres multidimensionais, com o reino dos répteis e seus diversos mundos, com o reino das rochas e seus mestres, entre centenas de outros reinos, vocês estarão aptos a viver as atitudes crísticas de ter consciência do que falam e do que fazem.

Quanto mais diminuem a distância entre tudo que existe, mais aumentam sua sensibilidade e, com isso, há o alinhamento com toda a sua estrutura espiritual pela ascensão.

7
AUTOCONTROLE

Onde estão seus pés?

A configuração estrutural de presença das espécies encarnadas envolve ligas. As ligas são conexões de propulsão movidas por energias de troca. As ligas se dão nos pontos de contato de uma espécie com a estrutura receptiva da experiência planetária que vocês nomeiam de "Terra".

A sola dos pés é o ponto de contato e conexão com a Terra; por meio dela vocês se movimentam, transferem energia pelo fio condutor do corpo e recebem fluxos vitais.

Outras espécies têm pontos de conexão diversos e também recebem fluxos vitais da terra: os cavalos, por meio das quatro patas; os peixes têm todo o corpo envolvido; as aves conectam-se com os pés e as garras; os cangurus recebem os fluxos pelos pés e pelo rabo. O mundo das serpentes, por sua vez, tem um ponto de conexão distinto.

Todos os reinos e espécies têm suas conexões e pontos de contato estabelecidos.

Saber se movimentar e usar conscientemente os pés representa uma enorme capacidade de autocontrole, que corresponde a vocês literalmente colocarem os pés na Terra e na realidade em que se encontram.

Quando alcançam o entendimento de que estão encarnados, de que têm um corpo, de que dispõem de um tempo indeterminado de vida, de que têm de sobreviver às condições impostas pelo seu sistema social, percebem que a necessidade de aprender a lidar com tudo isso e controlar suas ações e interações é fundamental para que tenham em seu circuito vibratório a mais elevada frequência.

Autocontrole, dentro de uma perspectiva crística, representa a capacidade de refletir, ponderar e decidir sobre algo a ser feito ou falado.

Estabelecer o autocontrole é prontificarem-se a agir de uma forma que impeça que desvios atitudinais possam lhes tomar a mente. Demonstra a capacidade de determinação para fazer o que deve ser feito.

A condição de confusão, esquecimento e fragilidade em que se encontram os traz para sistemas de defesa que tiram sua alma do controle da experiência.

Tudo que devem fazer é visualizar as consequências de seus atos ou palavras. É compreender que toda decisão que tomarem terá uma consequência.

Muitas pessoas, casais e famílias não têm coragem para realizar as mudanças que repaginam sua realidade. A ausência de coragem tem direta relação com a necessidade de controle do externo para que se evitem perdas.

O externo não está sob seu controle, mas suas vontades e decisões, sim. É imperioso que coloquem as mãos sobre sua vida e escolhas. O autocontrole é uma escolha.

A ilusão em que vivem traz a falsa ideia ou sensação de que vocês não têm poder para decidir. Sim, vocês têm total capacidade de escolher como querem ver, pensar e lidar com situações e pessoas.

Suas bases são fixadas e lançadas no tecido da vida pela sua capacidade de se posicionar. É importante que estejam retos, despertos e aprumados espiritualmente. Isso envolve até mesmo sua postura física.

Observem que os seres que se mantêm em completo domínio pessoal são mais firmes e seus corpos, mais eretos.

Com absoluta certeza podemos dizer que seu corpo reflete tudo sobre vocês. Sabendo disso, considerem mexer seu corpo e melhorar sua postura trazendo um novo movimento e deixando o corpo reto.

Em pouco tempo, vocês observarão como a postura no físico influencia seu modelo mental e as coisas que fazem.

Treinem ser pontuais, ter um corpo reto, ter princípios, falar e fazer.

Seu treinamento constante os elevará a outros níveis vibracionais que poderão lhes proporcionar ascensões a qualquer tempo.

8
TEMPERANÇA

Qual é a sua pressa?

Quanto maior a pressa, maior a distância de conexão com a força crística. Temperança não é apenas a capacidade de controlar os desejos e emoções, mas é, sobretudo, uma expressão de amor e humildade. Ao exercitá-la, vocês se aproximam da força crística refletindo a harmonia e a ordem que ela deseja para a sua vida.

O autocontrole é essencial para a prática da temperança, principalmente em situações extremas. Com a força do Espírito, vocês podem resistir às tentações que os desviam de sua natureza e viver de acordo com o fluxo divino.

Ao exercitarem o autocontrole, vocês colocam a vontade do seu ser acima de seus desejos humanos. Essa prática traz benefícios profundos, como paz interior, saúde espiritual e maior proximidade com as forças crísticas.

Vocês podem começar essa caminhada com pequenos gestos, como resistir a impulsos momentâneos e buscar orientação divina em suas decisões diárias.

Quando praticam a temperança, não promovem apenas o seu bem-estar, mas também o bem-estar daqueles que os rodeiam. Em vez de cederem ao egoísmo ou à ganância, busquem o equilíbrio que impulsiona a paz e a harmonia nas relações.

O mundo os confrontará com os excessos de modo a colocar à prova sua capacidade de se controlar, refletir e decidir, evitando que prejudiquem a si e aos outros. Ao praticar a temperança, vocês evitam causar sofrimento e promovem a reconciliação e a paz.

Em família, na comunidade e em locais de trabalho, o exercício dessa virtude contribui para construir um ambiente onde o amor e o respeito mútuo florescem.

Quanto mais souberem frear a pressa e atentar para aquilo que precisa ser observado e cuidado, mais evoluídos se tornarão para viver a vida e enfrentar suas provações. Com temperança, vocês deixam de ser crianças adultas, reféns emocionais de seus desejos e vontades.

Vocês podem cultivar a temperança por meio de práticas simples que ativam o campo energético como um condutor crístico.

Seu andar revela seu poder de temperança. Ao caminhar, observem que o movimento de seu corpo é uma síntese da manifestação da temporalidade material e do manifesto espiritual.

Para se movimentar, vocês precisam mover uma perna e colocá-la à frente da outra. Seu corpo precisa ser projetado, confiando que a perna e o pé sustentarão o movimento. Percebam que há uma subida e uma descida, assim como sua manifestação espiritual, assim como toda a humanidade no planeta. Após colocar o pé no chão, vocês precisam firmá-lo para retirar o pé que ficou para trás, no passado, e trazê-lo para o presente.

Notem que vocês têm a intenção de se movimentar e pretendem seguir adiante. Isso representa o que ainda está por vir, o que será realizado quando repetirem o movimento de tirar o pé do presente levá-lo ao futuro.

ATITUDE CRÍSTICA

Quando começam a se conectar com o fluxo do movimento que fazem e o ajustam ao tempo necessário de que precisam para determinado deslocamento, vocês ativam a temperança pelo entendimento do fluxo, e não pelo mero domínio da própria vontade, o controle pelo controle. Vocês entendem "o que deve ser". Vocês passam a calcular melhor, e intuitivamente, o futuro com o tempo presente.

Ter a sabedoria de conectar o futuro com o tempo presente já é um ativador crístico que os coloca em uma ascensão em relação aos seus impulsos emocionais.

O mesmo ocorre com sua respiração. Ao compreenderem que a respiração é um todo representado, vocês ativam a temperança.

O ar que entra em seus pulmões preenche as suas células e lhes traz vida. O ar que sai é a morte e abre espaço para o novo. Esse fluxo contínuo faz seu corpo ser nutrido e se renovar pelo fluxo universal.

Quando se concentram e observam a entrada e saída do ar, vocês podem sentir internamente o movimento do universo.

O universo em vocês é ritmo puro de luz, e se sentirem e permitirem que esse mesmo fluxo flua da forma certa, a luz crística brotará em seu coração iluminando suas decisões.

O andar e o respirar são formas de viver. Quando aprendem e se alinham, vocês vivem a temperança.

9
RESILIÊNCIA

Até que ponto vocês se mantêm firmes?

Sua natureza educacional foi projetada para uma identificação com sua estrutura corporal. À medida que crescem, vocês vão corporificando sua consciência e entregando-a para seus aspectos materiais.

Essa identificação lhes traz de forma muito exata a fome, a dor, o frio, o calor. Tudo vem do corpo. O corpo é sua referência e é vocês. Ou seja, vocês são o corpo e o corpo é vocês.

Isso não reflete a realidade e esse é o maior autoengano que pode haver.

Se quebrarem o braço, isso lhes trará enorme dor. Essa dor vem de seu sistema nervoso, que conecta os sentidos para a funcionalidade do corpo. Enquanto estiverem conectados ao corpo, a dor lhes será insuportável até que algum produto químico a alivie.

O esquecimento de que vocês não são o corpo e de que ele é seu veículo de movimentação na carne faz com que se percam nas fragilidades mundanas.

Quanto mais frágeis se tornam, mais buscam por sistemas de proteção que podem vir de si mesmos ou de outros. Quando se fragilizam e se apoiam nos outros, vocês se entregam ao controle e à proteção alheios, afastando-se de tudo que são. Se isso faz parte de

ATITUDE CRÍSTICA

sua jornada de aprendizagem, entendemos que é plenamente compreensível; porém, se estão lendo estes textos crísticos, vocês nos abriram uma chance de lhes dizer coisas que podem estender ou encurtar sua jornada sem que percam o sentido de sua existência.

Ao se entregarem aos outros, vocês se distanciam de si e de tudo que são. Quem são vocês? Vocês são espírito – forte, unificado e integrado. Vocês não estão soltos, só perdidos. Sua essência é completa e una. Vocês fazem parte do universo. Vocês são o universo em provação. O universo é tudo – é força, é luz, é sombra, é soberano. É o que é.

O universo não precisa de provações. Quando se coloca em provação por meio de vocês, ele não deixa de ser o que é.

Por isso afirmamos que vocês não têm motivos cósmicos para entregar sua proteção a alguém nem sofrer para se proteger.

Mas sabemos que vocês são colocados em teste, sem memória e fragilizados, para que possam evoluir. Mesmo assim, nós, do mundo crístico, entendemos que as provações, que são necessárias, doloridas e recorrentes, podem ser encurtadas.

À medida que reconhecem que são o universo, vocês se tornam inquebráveis. Vocês ascendem sua força e mudam seu olhar mesmo com a dificuldade, mesmo com o sofrimento. Vocês entendem que não são nada mais, nada menos, que o universo manifestado e individualizado.

Sua capacidade de cair e se levantar, sofrer e sorrir, temer e enfrentar muda de velocidade.

A velocidade é a manifestação da presença do universo em sua intenção individualizada.

Ao reconhecer isso, vocês crescem, revigoram-se e avançam. Vocês deixam para trás o que é preciso e veem a vida como uma provação a não ser mais temida.

Sua dependência se esvai e a atitude crística toma forma em seus movimentos.

Ao se conectarem, compreendem que seu corpo é uma projeção ilusória de matéria e estabelecem uma ligação com o fluido sustentador que é a agua.

Seu corpo são moléculas que vibram no vazio. Nada é mais fluido do que essa manifestação em sua dimensão, por isso vocês são inquebráveis, mesmo que venham a ter a experiência de limitação ou danificação de seu corpo.

Repetimos, você são inquebráveis.

10
FORÇA

Onde guardaram seus recursos?

Considerem que uma imensa parte sua foi guardada para que pudessem se autotreinar em habilidades de purificação. A partir desse lugar, nós nos abrimos para conversar com vocês.

A crença de que o fardo que carregam é pesado demais e insuportável mostra que seu autoconhecimento da alma não é suficiente.

No momento em que decidem abandonar o mundo espiritual para viver diversas aventuras de evolução na jornada material, vários atributos são arquivados, vamos dizer assim, em caixas e armários cósmicos. Esses atributos trazem o dom e o poder em novos níveis para vocês.

A razão de esses atributos poderosos serem suprimidos de sua honrosa manifestação envolve a própria saga de evolução cósmica para o retorno à fonte: merecimento vibratório.

O universo e o multiverso funcionam com diversos mundos sobrepostos com camadas de manifestações conscientes. O autoexperimento que a fonte faz em sua expansão leva aos desdobramentos e também às armadilhas energéticas que fecham campos de consciências coletivas – inclusive aquelas com laços familiares e raciais. Vocês podem fazer parte de famílias ou consciências coletivas que ficaram aprisionadas em campos energéticos que exigem redução frequencial para limpeza e purificação.

Para que recebam seus dons espirituais enquanto estão encarnados, vocês precisam elevar sua vibração para que sintonizem com os atributos e os reclamem para si.

Vocês devem se empenhar para alcançar a consciência de que existem atributos ocultos e eles estão disponíveis para vocês, de que vocês fazem parte de algo maior, de que estão aqui para evoluir em uma ronda de encarnações e, uma vez que consigam se elevar, receberão cada vez mais força para manifestar sua alma.

Aqui nós apontamos caminhos para que vocês percorram sua jornada cada vez mais fortalecidos por meio de seus atributos.

Toda a sua ascensão passa pela sua mente. O controle e o entendimento de como pensam são a melhor maneira de acessar sua evolução.

Vamos mostrar as janelas da mente que vocês podem abrir e operar.

- Pensar com grandeza é colocarem-se maiores que os problemas.
- Acreditar em sua força é entenderem que mais importante do que não sucumbir é ir até o fim.
- Acreditar em uma fé infinita e inabalável é produzir energia reta.
- Não desviar o olhar do que é certo traz a força.
- Continuar a caminhar e perseguir seus objetivos é alinharem-se consigo.
- Não ter medo de errar e começar tudo de novo constrói poder.
- Elevar seus pensamentos ao que é certo, justo e bom impede a diminuição de sua energia.

ATITUDE CRÍSTICA

A chave para vocês se elevarem e reclamarem seus atributos de poder guardados está em sua mente e forma de pensar.

Vigiem suas palavras e pensamentos, pois nisso está a sua elevação. Quando falam sobre coisas boas, prósperas, positivas e verdadeiras, espalhando-as por todos os seus relacionamentos, sua vibração muda. Ao se manterem em alta vibração, o cosmos se abre para suas demandas.

Primeiro vocês precisam se elevar para depois reclamar seus atributos.

Reclamar seus atributos envolve crer e se conectar com algo que está reservado para vocês. Separem um tempo para que possam meditar sobre seus atributos guardados. Sintam que seu campo de energia se expande e peçam para que lhes seja dado um de seus atributos guardados.

Quando essa graça lhes for conferida, é pouco provável que recebam seu atributo de forma clara e evidente. Ele chegará gradativamente em seu campo de energia e, por vezes, uma ou mais habilidades ou entendimentos novos aparecerão no seu dia a dia sem que vocês sequer percebam. Mas o atributo de poder lhes será franqueado.

Pode ser um poder ligado ao entendimento, à clareza para ver algo, à capacidade de comunicação; pode ser uma lógica, um padrão novo ou um conhecimento específico, entre inúmeras outras coisas.

Receber poder não envolve ser mais do que os outros, mas apresentar domínios que trazem uma autoconfiança natural para se colocarem à frente de várias situações.

Reforçamos que tudo começa com a sua mente e a forma como vocês se colocam diante do mundo. Recusem-se a desempenhar papéis que lhe inferiorizam ou fazem vocês se sentirem à parte da realidade. Sua presença no mundo é importante e sua evolução é crucial para o todo. Sejam tudo que podem ser, busquem sempre o máximo em suas manifestações, não se contentem com o mínimo quando o ato requer grandeza.

Sua vida vale muito. Nós queremos que vocês se alinhem com o todo sagrado do universo e manifestem seus poderes acendendo a chama crística na civilização.

II
PRESENÇA

Quem são vocês?

Há uma guerra ocorrendo no cosmos. Essa guerra vai muito além de sua compreensão. Vocês estão submetidos à retórica do bem contra o mal. Há divisão nos mundos? Em mundos espirituais e em vocês, sim, existe uma divisão e uma luta energética.

Os seres que vocês julgam serem do "mal" são muito mais sábios do que imaginam. A grande luta travada por vocês não se dá no seu entorno ou do lado de fora. Ela está dentro de vocês.

A disputa é pela sua mente. Quando entenderem que tudo o que pensam e sentem é o verdadeiro objeto de desejo de seres que estão presentes no planeta, mais fácil será lidar com eles.

Qual é o seu pensamento? O que na verdade é o seu "eu"? Podemos lhes dizer que é exatamente nesse ponto que vocês podem tornar magnânima toda a sua existência.

Esse diálogo e a influência energética que ocorrem em sua mente são parte de um esquema de desenvolvimento e evolução frequencial. Entendam tudo como uma luta frequencial em que sucos energéticos são continuamente produzidos.

Há uma forma de vocês ganharem essa batalha mental: aceitando e admitindo que ela existe.

Vocês se aviltam quando se rendem ao comum da vida, quando assistem ao correr dos acontecimentos e se transformam em seres que respondem ao ambiente. Isso não representa sua essência e quem são.

Sua origem é a fonte e ela quer a ascensão. Sempre vai querer. Portanto, o que lhes resta é decidir por quanto tempo querem se distanciar e continuar no caminho atravessado pelo sofrimento.

Não há como existir esse corpo sem a sua presença, e o que é essa "presença"? É seu núcleo de luz e representa a centelha divina do universo. Sua luz não se apaga. Vocês são um despregamento divino em experiências multidimensionais com descida frequencial para que possam realizar a subida pela purificação de todo o agrupamento energético do qual fazem parte.

Vocês não são um núcleo isolado no grande redemoinho cósmico. Vocês fazem parte de uma família. Todos vocês têm famílias estelares e em mundos específicos. Vocês não estão e nunca estiveram sós, por mais que sua jornada encarnada tenha sido solitária. Não misturem a experiência pela qual precisam passar com sua condição espiritual. São coisas distintas.

Uma vez que compreendam que fazem parte de uma comunidade ou família espiritual, mesmo que não se lembrem, isso lhes trará outro nível de entendimento de sua presença, fazendo com que possam se autoempoderar para lidarem com os desafios impostos pelo mundo tridimensional.

A partir do momento em que aceitam o fato de que fazem parte de algo maior, é necessário levar essa intenção e força para a sua forma de pensar e sentir. Empoderados, vocês entram no campo de batalha com uma probabilidade muito maior de vencer os pensamentos impostos e as confusões mentais e emocionais a que estão incessantemente submetidos por energias e consciências de baixa vibração. Quanto mais perceberem que são algo muito além dos pensamentos, mais sentirão a grandeza cósmica.

Quando estiverem envolvidos em um dilema mundano, a chave crística para resolvê-lo é olhar para o problema sem se envolver e fazer a seguinte pergunta: se o cosmos habita em mim e não tem medo, o que ele faria?

Essa questão abre a conexão com o mundo crístico – uma pergunta que foi e é utilizada pelos grandes "mestres" em seu mundo. Quando vocês se conectam com os grandes instrutores e educadores do mundo, tanto os mais renomados quanto os menos conhecidos, entendam que "todos", consciente ou inconscientemente, fizeram uso dessa pergunta por meio de linguagem literal ou metafórica.

Nenhum deles se vergou diante do dilema do pensamento e das contradições da mente. Eles elevaram sua forma de olhar e, por conseguinte, de decidir. Eles não tomaram decisões que não fossem de um nível cósmico. Ao agir assim, eles se esquivaram do ego e dos sistemas que aprisionam a mente dos seres humanos.

Quem são vocês, afinal? Vocês são a presença do cosmos nesse corpo. Tudo que precisam fazer é se conectar com essa presença afastando-se do sofrimento, da pressa e da ansiedade de controlar o resultado de cada coisa que decidem.

O campo de batalha estará em sua mente a todo instante; seu olhar, sua percepção e sua escolha determinarão se vocês ascenderão, viciarão ou sofrerão.

De toda forma, entre idas e vindas, em algum momento vocês aprenderão. Vocês são pura presença do universo.

12
IRMANDADE

Por que se sentem sós?

Vocês são um fragmento do coletivo. Vocês são um pó das estrelas. Sua essência é completa.

Vamos explorar seu rastro cósmico.

A ilusão em sua mente é deflagrada no momento em que se identificam com seu nascimento. Vocês são condicionados por registros e datas. Esses marcos temporais trazem vocês para uma linearidade evolutiva e de percepção de aprendizagem. Esses marcos formam um contexto de presença, de pessoas e de contextos físicos.

À medida que envelhecem, vocês também vão consolidando entendimentos e laços. Esses laços fazem parte da conjugação de experiências programadas em sua existência com todos. Vocês vivem um emaranhado de relações. Assim deve ser.

Esse emaranhado de relações envolve laços de amizade, de trabalho, de família e de intimidade, entre muitos outros. Em cada jornada, está programada a generosa provisão de todo tipo de experiências entre os laços.

Isso significa que vocês não têm nenhum controle sobre o destino das relações e sobre o que o outro pode ser ou fazer. Tudo passa por uma linha muito tênue de variações incontroláveis.

Vocês podem ser traídos e podem trair; podem ter um súbito interesse por alguém e perder esse interesse; podem lidar com roubo, morte, perdas, desavenças e ameaças, mas também com amor, cuidados e amizades fiéis; podem se sentir sozinhos e incompreendidos, mas também podem ser serem idolatrados, entre milhares de outras cenas a serem vividas.

Compreendam que sua existência precisa passar por essas situações, sejam elas agradáveis ou não.

Quando vivem uma experiência positiva, entendam que se trata de uma ilusão temporária. O mesmo se dá com as experiências negativas que representam sofrimento.

Ao longo da jornada, pode ser que algumas pessoas se percam e abandonem a esperança de uma existência mais qualificada. Talvez algumas se afastem de tudo e de todos, sentindo-se sozinhas e incompreendidas.

Existe, sim, a matriz de programação orientada para sentimentos e contextos de solidão, abandono e incompreensão.

Essa situação representa um desafio de superação em relação aos laços com o próximo e o mundo.

Em certos momentos, há pessoas que também se sentem sozinhas em tomadas de decisão e pontos de enfrentamento.

Se vocês conseguirem enxergar essas situações como um aprendizado, mais fácil será sua vida.

Mas o que podemos dizer com muita alegria é que vocês não estão e nunca estiveram sozinhos.

A solidão pode lhes abrir a conexão com o mundo paralelo que está bem ao seu alcance. Entendam que há uma irmandade ao seu redor. Vocês não desceram neste plano sozinhos.

Vocês pertencem a algo maior, a um espectro de consciências que compõe a raiz estelar da qual fazem parte.

O que vocês podem fazer para acionar a irmandade? Coisa mais simples não existe: chamem por ela, conversem com ela, então sentirão a força e receberão as respostas de forma intuitiva.

A irmandade quer que vocês vivam e superem aquilo a que se propuseram; ela não fará interferências, mas estará junto com vocês e transmitindo tudo o que puder.

Não esperem que a irmandade resolva seus problemas, mas que os acompanhe e ilumine seus pensamentos para que possam tomar as melhores decisões.

A estrutura deste mundo foi programada para cada ser encarnado ter sua irmandade em apoio espiritual.

Assim é e para sempre será.

Todos estão amparados por suas famílias estelares.

13
GENEROSIDADE

Qual é a sua contribuição para o todo?

Sua alma clama por condições para evoluir. A experiência encarnada de terceira dimensão representa uma aceleração no processo de purificação da alma.

Quando sua família ou grupo estelar se aproximou deste planeta, encontrou aqui um campo favorável para a purificação por meio da encarnação. De acordo com as leis deste ponto do universo, o encarne é permitido a determinadas famílias ou grupos espirituais.

Essa permissão representa uma generosidade do universo para com os movimentos evolutivos de famílias e grupos.

Sendo assim, a entrada em um corpo físico se dá de forma contínua, possibilitando que vocês se autoexperimentem em uma dimensão linear cíclica. Vocês vivem as mesmas coisas, de diversas maneiras, quantas vezes forem necessárias até que sua alma e seu grupo estejam plenamente satisfeitos.

Esse processo ininterrupto de encarnações faz parte do plano de ascensão coletiva. Os tempos no mundo dimensional são completamente diferentes dos do plano encarnatório, portanto, tudo que vivem ocorre em um período muito pequeno para outras dimensões.

A cada jornada encarnatória vocês ganham novas oportunidades. Pode ser que as aproveitem ou não, mas entendam que a generosidade está em sua vida e em sua existência. Alegria, dor, amor, sofrimento, tudo representa atos de generosidade para que evoluam e transcendam.

Para que se afinem com a energia crística, sigam o caminho crístico.

Sejam pessoas generosas assim como o universo é generoso com seu grupo estelar e sua alma.

Vamos indicar para vocês um caminho que os leve a se afinar com a generosidade e permita que essa virtude ilumine seu projeto de existência.

Compreendam que sempre haverá ganhos. Não há perdas em sua vida. Há entendimentos e evoluções ainda não realizados. Vocês estão nesta vida para ganhar, não talvez como imaginam que seja um ganho, mas entendam o que estamos lhes dizendo.

Para o mundo de evolução espiritual, vocês sempre ganham.

Você podem arrolar todas as perdas que tiveram na vida: pessoas, bens, prestígio, dinheiro, saúde e tudo o mais.

Afirmamos novamente que vocês sempre ganham, mesmo com as perdas.

Se perderam uma pessoa querida, vocês também receberam a oportunidade de ter tido experiências com ela, de ela ter existido, de sair da ilusão do mundo encarnado eterno.

Se perderam bens, ganharam realismo, a perspectiva de que não possuem nada de fato, de que tudo passa, de que podem rever a forma de lidar com as coisas, aprender lições sobre decisões que envolvem patrimônio.

E já que estão ganhando a todo momento em sua jornada humana, nós pedimos que sejam generosos consigo tendo sempre em mente uma visão de ganhos.

À medida que aprendem a enxergar em tudo que vivem seus próprios ganhos, vocês se enchem de generosidade. E é nesse momento de plena generosidade que vocês reúnem as condições para serem naturalmente magnânimos com todos os seres que fazem parte da sua vida.

A generosidade nas ações depende diretamente de vocês se encherem por completo desse sentimento a ponto de transbordá-lo.

Olhem para as pessoas de forma generosa para que sua presença transmita luz e paz a cada uma delas.

14
DESAPEGO

O que vocês acumularam?

Vocês são hoje a síntese da sequência de encarnações registradas em seu espírito. Vocês somaram todas elas em seu íntimo.

Ao longo da vida, vocês repetiram tudo aquilo em que no fundo ainda não se transformaram. A repetição é uma ação determinada que lhes permite evoluir e transcender a vibração emanada em sua existência.

Ao longo de suas repetições, muitas marcas foram deixadas a ponto de, por vezes, acreditarem ter tomado atitudes que na verdade não representam sua essência.

Por meio de um novo nível de entendimento, é importante que possam se soltar das identificações e limitações que se autoimpuseram por razão da frequência de experiências encarnatórias registradas em seu íntimo espiritual.

A ponta de sua experiência é o que vocês são hoje, representados em um corpo com uma matriz de experiências programadas e uma personalidade implantada.

A falta de memória lhes coloca em posição de isolamento, levando-os à crença de que sua volta ao mundo espiritual dimensional se dará nos moldes que se apresentam no corpo físico.

Acreditamos que revelar a verdade pode impressioná-los, mas pode ser também libertador.

Quando voltarem, será como se vocês tivessem sido dissolvidos. Há uma dissolução de todos os elementos que compuseram sua experiência, restando apenas memórias coletadas e sua essência espiritual.

De fato, a sua essência espiritual não é o que imaginam. Não é uma individualização. Vocês são um aspecto experimental de uma sequência de seres que compõem famílias ou grupos cósmicos, vamos assim dizer.

Vocês não se preocuparão com essa dissolução, absolutamente, porque os aspectos de identificação não permanecerão e, portanto, qualquer sofrimento será dissipado e uma consciência maior encampará seu fragmento.

Ao ter consciência do que lhes ocorrerá quando voltarem ao mundo espiritual, vocês também poderão mudar sua trajetória a partir de um novo nível de entendimento da vida e de tudo o que são.

Por que levar tudo tão a sério?

Por que ainda insistem em sempre querer as coisas de forma rígida?

Por que sofrem com suas imperfeições?

Por que não disciplinam sua mente?

Por que não decidem vencer as dificuldades pessoais?

Ao olhar para tudo que os cerca, o que os impede de perceber uma postura rígida e ser mais flexíveis e adaptáveis em sua jornada?

Como podem trazer mais leveza?

O desapego requer se soltarem das amarras que foram projetadas em vocês para darem um salto evolutivo e cumprirem sua missão.

ATITUDE CRÍSTICA

Ao entrar na energia do desapego, vocês liberam suas travas de personalidade e de programações, consolidando sua presença por meio de sua alma.

Sua alma anseia por sua purificação e que não precisem mais da jornada encarnatória.

Toda vez que se entregam à sua jornada sem deixá-la pesar, vocês acessam códigos crísticos que poderão ser levados a todas as pessoas que vivem neste planeta.

Ao soltarem tudo o que vocês são, sua natureza se autoexperimenta em níveis mais puros.

15
VISÃO

Quantos olhos vocês têm?

A visão crística é multidimensional. Cada cenário tem muitos núcleos de observação. Quantos vocês usam?

O micro-olhar abre o sensorial para o macro. Não será pelo macro que vocês se conectarão com o profundo e o eterno, mas pelas pequenas amostras disponibilizadas em sua vida.

Ao atentarem para tudo que se configura materialmente em sua presença, vocês poderão se abrir a mundos absolutamente irreconhecíveis e mágicos.

A magia se faz presente em sua presença todo o tempo. O simples exercício de parar e fixar a atenção em alguma coisa abre a visão. A visão não consiste em ver, mas em se abrir para a visão.

Vocês podem olhar e não ver, mas podem invocar a presença e ver. A visão é o ponto focal da abertura da presença.

Sua presença é fruto de uma conjunção de olhares ou, como poderíamos dizer, de olhos. Vocês dispõem de alguns olhos que, quando operam juntos, abrem a visão.

O Primeiro Olho corresponde ao centro de presença que se encontra um pouco acima de suas sobrancelhas. Esse olho é aberto pela intenção do desfoque. Ele não capta as coisas físicas, apenas a presença não física. É sensorial e exige absoluta integridade com sua confiança interna. Ele opera pelo não ego.

O Segundo Olho está diante dos seus olhos, e seus olhos operam a partir do ego que, por sua vez, tem a importante função de registro físico do manifestado. Ele é o tradutor do concreto.

O Terceiro Olho está na região do seu coração. Ele ativa a sensorialidade energética de diversas dimensões. É como se fosse um radar sensível das coisas imateriais.

O Quarto Olho está no centro de gravidade do seu corpo, que fica na região do seu umbigo. Ele é sua conexão com o espírito. Seu espírito está em conexão material com esse lugar que sustenta tudo. Ele é uma ponte com todas as suas camadas.

A conjunção dos quatro olhos forma o quadrante sensorial da pura visão. A pura visão é crística, não intencional, não relacional e absolutamente testemunhal. A abertura dessa visão, por meio dessa conjunção, lhes traz a revelação de mundos ocultos, manifestações etéricas, formas invisíveis e fluxos contínuos.

Quando vocês conseguem atingir a abertura da visão pura, o julgamento se desfaz, porque o testemunho do eterno satisfará a curiosidade da mente e preencherá seu espírito com a memória eterna. Vocês simplesmente comungam com o que veem, ocasião em que o fenômeno deixa de ser um fenômeno e passa a ser o que é.

Vocês não necessitam revelar isso ao mundo, contar para as pessoas o que veem ou assumir qualquer outro típico comportamento de uma pessoa deslumbrada por captar o mundo sutil e oculto. Vocês simplesmente se conectam, como fazem com a tomada de energia que abastece seus equipamentos. Vocês não precisam dizer ao mundo que a tomada traz a energia, assim como não precisam dizer ao mundo que conseguiram conectar o sutil com a visão pura.

Um exercício simples que vocês podem fazer é abrandar a vontade de se conectarem e simplesmente sentir o Primeiro Olho com um simples toque (físico ou não).

Sintam e permitam ao olho se abrir energeticamente.

Levem o Primeiro Olho em energia para o Segundo Olho e sintam uma integração.

Ao sentirem a integração, leve-os para o Terceiro Olho e sintam o campo se ampliar, criando uma pulsação no local do coração.

Ao sentirem que a pulsação estabilizou, levem a integração dos três primeiros olhos para o Quarto Olho, direcionando-a ao seu centro de gravidade corporal.

Lá se dará uma ativação dos quatro olhos, de forma que vocês poderão abrir uma visão para o mundo sutil e oculto.

Vocês olharão pelos quatro olhos e experimentarão a ativação da visão pura.

Inicialmente, vocês podem praticar esse exercício com plantas, objetos inanimados e ambientes da natureza.

O que está entre as coisas físicas são espaços para que vocês se abram para tudo que existe em paralelo ao seu mundo manifestado, e isso os coloca em uma condição de fluxo vibrante com o oculto.

Ao viver a visão pura, vocês poderão se expandir em fluxos para diversas direções. Sua visão se manifestará como uma certeza interna, e saibam que essa visão não se revelará materialmente. Compreendam que não será o mundo oculto e sutil que se revelará a vocês, mas são vocês que o acessarão. Ou seja, a visão pura não é uma visão normal, tal como a entendem na perspectiva física.

A visão pura é um atributo crístico de autenticação de seu estado de pureza.

16
ABUNDÂNCIA

Qual é o problema em querer tudo?

Vocês vêm do pleno e do completo. Sua origem estelar é plena e abundante a ponto de não precisarem de nada.

Vocês já vivem a plenitude desde o ponto original onde seu ser se manifesta, com seus desdobramentos e linhagens. Não há carência ali. Não há bens, reconhecimentos, sexo, nada. Há somente a sua existência plena. Esse é o lugar que os espera.

Por que, em sua experiência encarnada, vocês não podem escolher a abundância?

Escolher a abundância requer uma boa colheita e, para tal, vocês precisam plantar. As leis de ação e reação, de causa e efeito, são sublimes e imperativas neste universo. Somente se vocês fizerem, terão.

Querer é importante, mas fazer é fundamental e, para isso, vocês precisam acreditar. Muitos de vocês não merecem conquistar coisas maiores ou grandiosas. Vocês precisam acreditar para que, ao agir, cumulem-se das energias crísticas que lhes darão o poder para ter abundância.

Sejam abundantes e receberão abundância. Incorporem a abundância nas pequenas coisas, como um exercício diário.

A abundância se inicia com um estado vibracional de merecimento. Esse merecimento é genuinamente ativado quando vocês se livram da culpa por tudo que viveram em suas vidas anteriores.

Compreendam que vocês programaram uma série de encarnações probatórias para que pudessem evoluir.

Vocês se jogaram nessas experiências. Seus irmãos também. Vocês tiveram a memória apagada para que pudessem reagir a partir de um princípio básico chamado instinto. Suas experiências envolveram tudo e todos, onde tudo era possível.

Em sua jornada, de acordo com o contexto de vida, vocês foram bárbaros, mataram, usurparam, mentiram, traíram, roubaram e fizeram coisas muito destoantes do nível de consciência de onde vieram. Esses eventos trouxeram traumas.

Quando voltam ao mundo espiritual, vocês são tratados para que compreendam que não são nada disso. No entanto, vocês pedem e clamam por repetir o máximo de experiências até que seu instinto seja domado e vocês se reconectem com seu ser maior.

Esse conjunto de lembranças, dores e muitas coisas que vocês fizeram – e de outras tantas que foram feitas com vocês – aloja-se em seu banco de memórias. E seu instinto respira tudo isso em diversas situações sem que vocês possam compreender exatamente a lógica espiritual.

Esse campo de energia memorial está em seu campo de energia encarnada. No fundo, vocês querem se livrar disso tudo e abominam seu passado experimental. Vocês se sentem culpados.

Uma culpa que foi construída pelo volume de vidas errôneas que tiveram. Mas isso era a programação de vocês. No fundo, vocês sabiam disso. Quando voltam ao mundo espiritual, vocês se recordam de tudo e de todos, mas queremos lhes dizer que vocês são a mais absoluta alma de coragem ao viver o que se propuseram viver, colocando-se sem memória em autoexperimentação, errando de todas as formas e, mesmo assim, evoluindo neste planeta.

Vocês têm todas essas vidas vividas e a viver porque merecem estar em contínua evolução. Todo o universo participa desse fluxo de diversas formas.

Beber da abundância do universo em sua curta vida é livrar-se de toda culpa consciente e inconsciente que sentem por todos os erros cometidos, abrindo-se a um estado de merecimento de tudo sob todos os aspectos.

Ao se colocarem diante do universo, aprendam a conversar com o "todo", aprendam a proclamar seu merecimento de forma honesta e alinhada com sua alma. Sintam o que é a sua vida e acolham tudo de bom e de ruim que existe hoje em sua personalidade programada. Sintam que vocês são muito mais do que toda a programação que fizeram. Abram-se para aprender, para sofrer sem temer e permitir que a abundância do universo preencha a sua vida.

A abundância começa com o autoperdão e termina com a verdade do verbo.

Saibam que nós os ouviremos sob qualquer condição e que receberão abundantemente nosso amor por tudo o que vocês são e representam nesta jornada.

Vocês são um grande presente.

17
FÉ

Até onde vocês enxergam?

O invisível aos seus olhos conversa com vocês todo o tempo. Não duvidem de que há algo maior trabalhando por vocês.

Há um conjunto de mundos interpostos na experiência tridimensional em que vocês se encontram. Todos esses mundos se comunicam e se influenciam. Há um interesse mútuo para que os arranjos evolutivos se façam. Há também as paredes dimensionais que protegem as experiências entre os mundos.

Vocês precisam treinar o ver sem enxergar. Esse é um dom que ativa as forças crísticas neste universo e deve ser cultivado em sua evolução.

Quando vocês se movimentam sem andar, comunicam sem falar e veem sem enxergar, manifestam o poder natural da fé que envolve o colocar-se além sem estar.

Esse exercício eleva sua alma para além da condição da matéria e das limitações impostas pelo plano em que vocês se encontram.

Quando aprenderem a agir, mesmo sem as condições, podemos dizer que vocês receberão o espírito do movimento. Como esse espírito, vocês vão aonde quiserem ir e atingirão o que almejarem pela simples força que chamamos de "fé". Ao atingir esse nível de força interna, vocês recebem naturalmente o poder de manifestação da criação e com ele podem tudo.

Esse poder emanatório da criação encontra caminhos pela força vibratória em confluência com a certeza, fazendo com que qualquer movimento ou realização se faça presente.

Entendam que tudo no mundo é movimento. Doenças podem ser movimentadas, estágios cumpridos, vontades manifestadas, objetivos conquistados, enfim, tudo pode ser realizado pela força da fé.

O que faz com que não se sintonizem com essa força são verdades que impõem limites a vocês. A descrença no milagre, nas coisas não explicáveis e nos elementos da criação que são invisíveis aos seus olhos físicos trazem a fé na não fé.

Quando não têm fé, vocês estão ativando a mesma fé, só que de maneira reversa.

Quando alguém se manifesta dizendo que não acredita no reino maior, na vida mágica dos paralelos e nas forças disponíveis para os humanos, simplesmente estabelece uma presença da fé em sua própria realidade.

Ainda que se mantenham na fé da descrença, o poder permanece com vocês. No entanto, mesmo usando a fé reversa, a verdade não representa seu posicionamento, que cairá mais cedo ou mais tarde em sua lista de experiências programadas.

Nós, do mundo crístico, entendemos que a união com a fé que eleva e cria é um exercício que reforça suas habilidades, por vezes, ao longo de vidas. E em dado momento, sua alma terá ancorado a fé por repetições e a encarnação estará tão impregnada a ponto de nem perceber quanta fé possui, utilizando-a naturalmente como campo de atração, poder e manifestações.

A fé apreendida ao longo das jornadas abre os ventos da evolução em um fluxo ininterrupto de aspirações da alma nos exercícios das escolhas vividas. A aventura maior da vida passa a ser a entrega de tudo aquilo que não é evidente e concreto, que não se conecta com a chama do espírito.

Quando sua certeza for inexplicável e sua força, imparável, vocês viverão cristicamente a arrebatadora fé que representa a força do movimento do espírito, mesmo sem todo o seu potencial emergido.

A fé é uma força cósmica do universo que flui por meio da vibração exata. É o elemento transmutador disponível para elevar a manifestação da vontade em consonância com o reino supremo.

Pessoas de fé têm força, coragem, positividade e poder de realização a ponto de ser tornarem inabaláveis diante de seus objetivos e desafios.

A fé é o seu motor de avanço e estará disponível para vocês sempre que estiverem disponíveis para ela.

18
VERDADE

Quais são as certezas de suas certezas?

Quando vocês falam, de onde falam? Há um lugar de fala que representa seu lugar no universo e traz um alinhamento de todos os seus aspectos. Muitos de vocês se perdem na comunicação e na manifestação aos outros, e até a si mesmos, porque não conseguem encontrar seu lugar de fala.

Vocês podem falar assumindo uma posição de autoridade, reclamando, mostrando-se pequenos diante dos outros, com distanciamento, mentindo, distorcendo e agredindo, entre muitos outros lugares de fala.

No entanto, há um lugar que representa tudo o que vocês são e unifica seus corpos em manifestação. Esse lugar se chama "verdade".

Vocês têm dificuldade de entender o que representa a verdade em manifestação a partir do que falam e expressam. A verdade vem de uma presença maior que representa a força cósmica.

A verdade é soberana sem ser superior, é leve sem ser pueril, é profunda sem ser incompreensível.

Esse lugar de fala exige que vocês elevem seus pensamentos e sentimentos, transformando seus interesses em aspirações maiores.

Ao se conectarem genuinamente com aspirações maiores, perceberão como as pessoas transcendem seus desejos, sistemas de defesa e interesses pessoais em prol de algo grandioso.

Ao sentirem a grandeza do universo em vocês, sua essência vibrará no mais alto esplendor, trazendo um lugar de fala absolutamente isento de interesses.

Esse lugar de fala os empodera ao transmitir um saber antes desconhecido, trazendo-lhes as palavras certas para criar os movimentos necessários.

Uma vez conectados com a verdade, sua fala transmitirá um fluxo energético distinto que afetará qualquer pessoa que estiver em estado de interação. De alguma forma, a verdade tocará os corações e gerará reflexões em níveis evidentes ou mesmo sutis.

Uma vez conectados com a verdade, vocês encontrarão a voz que vem não de sua garganta, mas de seu peito. A voz da verdade nasce e se manifesta a partir do centro do seu peito.

Ao se expressarem em público, coloquem-se em pé, sintam a sua presença, levantem a cabeça e permitam que a verdade brote em seu coração até transbordar em palavras o que precisa ser dito.

Uma vez conectados com o cosmos, você receberão de pronto uma energia que é tudo o que é. Essa energia tem vida, luz e sabedoria próprias. Vocês passam a ser interlocutores que captam e testemunham a própria manifestação.

Quando fizerem essa conexão, perceberão com frequência que palavras saíram de sua boca sem que tivessem entendimento, articulação ou controle sobre o que estava sendo dito.

A verdade jorra e vocês são apenas um fluxo de passagem.

Ser um instrumento de passagem e evolução é muito nobre e coloca cada um em sua manifestação plena da verdade.

ATITUDE CRÍSTICA

Todas as vezes que tiverem de se expressar, lembrem-se de se levantar, olhar as pessoas de frente e recordar que tudo o que precisam fazer é falar pela verdade.

19
PUREZA

O que há escondido em vocês?

Suas histórias e dores justificaram sistemas psíquicos de proteção para que não se expusessem ao sofrimento. A sofisticação desses sistemas constrói barreiras que os impedem de se conectar com frequências puras de luz e com os seres que os rodeiam.

A pureza vem do desarme mental. É paradoxal o fato de que devem se desarmar enquanto tudo à sua volta está armado. Sim. Sabemos disso. Vocês têm desenhos de contextos muito elaborados pelos arquitetos e engenheiros da experiência humana. Eles querem proporcionar a experiência mais completa para que possam transcendê-la.

Dessa forma, cenários, fluxos energéticos, sistemas influenciadores, embates, sofrimento e perdas são orquestradamente colocados em sua vida para que, diante de toda dor e defesa criadas, consigam trazer a pureza no olhar e no coração para então decidir e agir.

Ao descer e encarnar, vocês carregam o restante da mais absoluta pureza representada pelo mundo espiritual e a sua não conexão com as identidades restritas.

ATITUDE CRÍSTICA

Toda a sua jornada de existência é programada para se distanciarem da pureza remanescente que lhes foi concedida ao penetrarem a carne de seu corpo provisório.

Essa jornada imprime uma marca profunda e inescapável em vocês. A presença do mundo físico em sua vida se faz tão forte que, em regra, sua desconexão com o espírito é tida como natural. Esse distanciamento resulta em uma busca contínua pela sobrevivência em um mundo ilusório e finito. Seus sistemas mental e emocional se danificam a ponto de gerar uma infinidade de dores consubstanciadas em doenças que lhe são infligidas.

Ao longo da vida, alguns de vocês procuram um alento de esperança em religiões que foram colocadas à disposição para relembrar a presença do divino no mundo. Outros conseguem se conectar com o mundo espiritual pelo despertar da consciência e da memória. Há ainda os que caem em completa descrença se apoiando apenas na materialidade.

É sabido que tudo isso é um programa maior criado por vocês para que possam evoluir. Alguns conseguem descobrir isso, outros não.

O sentido desta jornada, que é árdua para muitos, é o retorno à pureza. Enfatizamos que a jornada de vinda a este planeta tem como caminho de elevação o encontro com o início.

Vocês podem notar essa realidade quando seu corpo começa a envelhecer e suas restrições aumentam, assim como cresce o entendimento de aspectos da vida se fizerem um bom resumo de sua história.

Algumas pessoas conseguem alcançar um entendimento da vida e uma profunda gratidão por tudo que viveram, inclusive os muitos erros cometidos e sabiamente justificados. Essa condição direciona muitos de vocês a um estado crescente de maior pureza em seu fim de vida.

ATITUDE CRÍSTICA

A pureza representa quase um desligamento de controles e vontades. Os julgamentos cessam e o simples viver acontece. Esse estado de pureza física é ainda embrionário, mas essencial para que possam concluir a jornada integrando o final ao início.

Muitos de vocês podem alcançar esse estado de pureza bem antes de envelhecer. Isso só é possível se fizerem o caminho da autorreflexão e conseguirem aprender o que precisa ser aprendido, quebrando o julgamento e o controle sem perder o entendimento do jogo do qual fazem parte.

Essa pureza vem à tona e vocês passam a ser protegidos por reinos de luz, pois, de certa forma, estarão ao sabor das convenções de seu mundo. Podemos dizer com toda a segurança que vocês serão protegidos.

Esse estado de pureza é crístico e os coloca em um fluxo de magia. Vocês passam a ver um mundo mágico e iluminam um terreno sombrio materializado.

Os reinos que chamam de angélicos realmente existem e se fazem presentes em níveis de proteção a partir do momento em que o embrião da pureza renasce em vocês, quando finalmente atingem o entendimento de tudo que existe em sua vida e no seu mundo em particular.

Ao vibrarem na pureza, vocês passam a agilizar seu aprendizado – que não vem de forma convencional – e ativam o estado de sabedoria que traz luz para questões muitas vezes complexas.

Sua capacidade de resolver problemas, tomar decisões e fazer escolhas não seguirá uma lógica natural, mas uma forma cósmica e crística manifestada. Vocês passarão a ser canais de luz.

20
CORAGEM

Como querem morrer?

Considerem a seguinte possibilidade: uma boa forma de morrer é vivendo. Vocês assumiram uma aventura da alma que é encarnar e se disponibilizar para agir intuitivamente e sem memória em um espectro de espaço e de tempo.

Sua vida, mesmo que provisória, representa um sinal poderoso de sua vontade maior.

Ao estar neste mundo, sob qualquer condição, favorável ou desfavorável, vocês assumem o comando.

Esse comando representa sua atitude e a forma como veem tudo e o todo.

A vida apresenta diferentes provações para todos. Considerando que estão no comando, mas não controlam as provações, resta terem a coragem de avançar, recuar ou mudar diante do que o mundo lhes traz.

A coragem se traduz em um fluxo de movimento que transpõe uma barreira. O mundo crístico pede que vocês transponham barreiras.

A coragem não os eleva se não representar algo que lhes seja difícil e desafiante. Os movimentos de coragem podem ser de retrocesso, recuando e voltando.

ATITUDE CRÍSTICA

Quando voltam ou recuam, vocês deixam morrer algo.
Quando avançam, deixam morrer a vontade de ficar.
Quando mudam, deixam morrer um aspecto arraigado.

A coragem envolve abandonar aspectos arraigados para que o fluxo do movimento lhes coloque em outro lugar. A coragem lhes dá outro *status* energético e temporal.

Tomar decisões difíceis, que muitas vezes podem lhes prejudicar, mas que seu coração pede que sejam tomadas, requer coragem.

Vejamos situações que podem representar o movimento de coragem.

- Partir, abandonar uma vida e pessoas em prol de um sonho.
- Terminar um relacionamento.
- Assumir erros.
- Pedir perdão.
- Assumir riscos.
- Amar.
- Rever verdades pessoais.
- Posicionar-se diante de um grupo contrário.
- Admitir mentiras.
- Dizer a verdade.
- Entregar-se para a vida.
- Assumir quem vocês são.
- Enfrentar suas fraquezas.
- Reconstruir-se.

Todos os movimentos de rompimento de barreiras trazem o fluxo e o fim. Esse é um princípio deste mundo em que vivem.

Sempre há um início e um fim, e um novo ciclo. Deixar aspectos seus para trás requer a coragem de se movimentar.

O mundo e as condições colocadas não representam a perfeição, portanto é esperado que vocês façam os movimentos para que recebam a força crística que alimentará sua alma.

Seu movimento exige que enfrentem sem cessar as condições do mundo. Elas sempre os desafiarão e espera-se que vocês as enfrentem.

Recordem-se de que sua alma se aventurou neste campo e vocês são a síntese dela. Então, por que não usam a coragem que é natural de seu ser maior?

Digam para si mesmos: eu sou coragem, eu tenho coragem, a coragem vem de minha alma.

Quando admitem que querem a coragem, ela nasce em vocês, não importa quão difícil seja a situação enfrentada. Uma vez nascida, ela cresce e se fortalece, dando a vocês a força natural do espírito.

A coragem os conecta com o mundo crístico e representa uma atitude crística de não passividade.

21
PACIÊNCIA

O que resta em suas mãos?

O fluxo divino reina em vocês de todas as formas que possam imaginar. A condição de separação do todo desperta, incondicionalmente, o desejo sem fim de voltar à fonte de tudo.

No fundo, tudo o que vocês querem é voltar a ser o todo unificado. Isso é como sair de casa, ir para o mundo tendo uma jornada de experiências diversas e sentir falta de estar em casa.

Esse anseio traz vários transtornos de sofrimento que os fazem não aproveitar nem realizar as sínteses necessárias das jornadas encarnatórias que enfrentam.

Quando perguntam "O que estou fazendo aqui?", vocês já se descolaram do que de fato são como encarnados.

Quem são vocês nesta história? Definir quem são alinha sua impaciência com as jornadas que, por vezes, se apresentam repetitivas.

Não é o que têm ou o que fazem que define quem vocês são.

Compreendam que vocês têm uma centelha que brilha, pulsa e interage no planeta. Vocês são uma animação energética proposital. Em cada manifestação encarnada, vocês adotam personas e experiências programadas para sua própria evolução.

Sua alma central, que em grande parte ficou no campo etérico, aspira a que, em sua encarnação, ela – que é cada um de vocês – possa ascender a um nível maior.

Esse processo sistemático de encarnações é totalmente regulado e organizado para que possam evoluir como famílias estelares.

Compreendam que não há exatamente um Deus como vocês pensam. Seu entendimento sobre as coisas é confuso.

Todo o sistema de encarnação e regulação da vida programada é feito por vocês mesmos e com foco em sua experiência encarnada. Entendam que tudo são vocês.

Vocês estão presos a esse sistema encarnatório, ou se servem dele, para se purificarem. Vocês mesmos estabeleceram a organização, o acompanhamento e o apoio que lhes foram dados. Ou seja, são vocês com vocês.

E Deus?

Vamos traduzir Deus como a fonte de toda energia, de toda inteligência que sustenta as consciências dimensionais.

Essa fonte existe, conversa com vocês, os apoia e potencializa desde que se sintonizem com ela. Ao vibrar como a fonte, vocês naturalmente elevam sua frequência e tudo muda.

O que vocês fazem com esse entendimento é o que determina sua jornada. Quando compreenderem a longa jornada que representa a existência, vocês obterão a paciência para entender o tempo certo de cada coisa em sua vida.

Nem tudo está em suas mãos, mas recordem-se de que de suas mãos jorra ouro, e esse ouro é a manifestação total do universo e da fonte em vocês.

À medida que compreenderem e se entregarem à experiência, permitindo jorrar em vocês o fluxo de movimento que deve ser cumprido, entenderão que o ciclo acontece no tempo em que deve acontecer.

ATITUDE CRÍSTICA

Essa luz acende em vocês e ilumina seu coração para que possam dar às coisas todo o tempo para que elas aconteçam e, assim, tomar em suas mãos o destino que precisa ser vivido.

Qualquer que seja a duração de uma vida, breve ou longa, é para ela ser vivida com toda a intensidade. A vida percorre diversas dimensões e o caminho desse fluxo está sempre certo. Creiam.

Tudo está certo em sua vida.

Tudo o que têm a fazer é se alinhar com esse fluxo.

Quando não estiverem alinhados, o sofrimento será seu precioso sinal, e quando estiverem alinhados, sentirão uma paciência infinita para qualquer movimento.

22
ALEGRIA

Qual é o seu sol?

Vocês são pura vibração e luz em radiância a partir do momento em que entram em sintonia com o campo da alegria. Alegria é o movimento do contágio crístico absoluto. Seu estado de festa.

Entendam que existe um campo energético vibracional no cosmos e que esse campo funciona como se fosse uma festa contínua em pura expansão.

Quando vocês abrem espaço em seu coração para que a festa aconteça, a alegria jorra intensamente para fora, contaminando os outros.

Percebam a alegria e a graça dos cães em simplesmente ter a companhia e a atenção de seus "donos" ou "protegidos".

Por mais que possam vir a ser repreendidos, os cães mudam imediatamente de humor quando lhes é oferecido afeto. Um simples afago ou presença é motivo de alegria transbordante.

Os seres humanos perderam esse transbordamento da alegria, tornando a vida séria ou pesada demais. Alguns se sentem pouco confortáveis em permitir que a alegria e a graça se expandam plenamente.

ATITUDE CRÍSTICA

Quando decidirem trazer a luz crística para a sua vida, vocês poderão reaprender com os cães, visto que eles não precisam de muitos motivos para esparramar sua alegria. Eles simplesmente se entregam a ela.

Isso é tudo que vocês precisam reaprender. Entregarem-se à alegria.

Não será buscando um sem-número de motivos que vocês acessarão a alegria do viver e conviver; será reconhecendo um simples motivo: existir.

Quando se derem conta de que o mero existir é tudo o que têm neste momento, vocês sentirão a força do glorioso cosmos em sua essência e experimentarão uma satisfação sem limites, a qual precisa ser manifestada ou compartilhada. Essa satisfação ilimitada chama-se alegria.

À medida que reconhecem a alegria em existir, seu olhar e suas palavras se modificam por completo e sua luz brilha através de seu sol interior. A chama desse sol aquece o seu coração, que passa a emanar pura luz.

Seu sol envolvido em alegria irradia cura, equilíbrio e esperança. Essa energia é uma vigorosa força de ascensão do universo. Quando vocês se expandem, o universo se expande e sua frequência se expande.

A alegria é promotora de novos movimentos, ventos e mudanças. As coisas tendem a ficar mais leves, as pessoas se tornam mais positivas e os conflitos são superados com mais facilidade.

A alegria é luz pura que informa e equilibra.

Encontrar-se com amigos é motivo de alegria.

A solidão pode trazer alegria pelo simples fato de servir à própria consciência.

A alegria tem muitos amigos e irmãos que celebram esse campo energético disponível para qualquer um a qualquer tempo.

ATITUDE CRÍSTICA

O campo energético da alegria está disponível a todo instante, basta acioná-lo para despertar esse sentimento dentro de vocês.

Sua capacidade de produzir alegria os rejuvenesce e os coloca como um braço da manifestação do universo.

Permitam que a alegria mude a sua vida e absorvam toda a luz crística.

Livros canalizados por L.B. Mello Neto

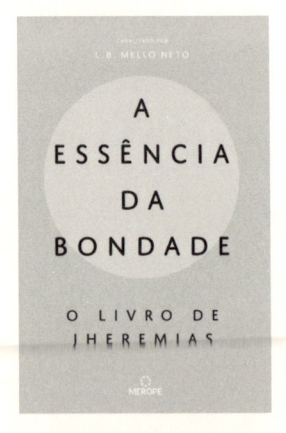

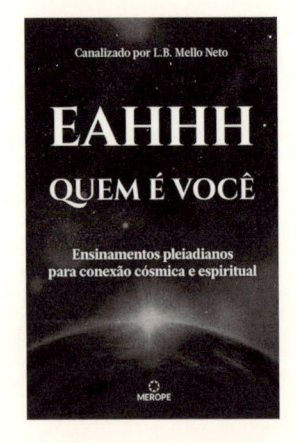

CÍRCULO SAGRADO DE LUZ
Mensagens das consciências cósmicas das Plêiades, de Órion e da Lemúria

A ESSÊNCIA DA BONDADE
O LIVRO DE JHEREMIAS

JOEHL
ORAÇÕES DO SOL
para curar a mente e libertar a alma

EAHHH QUEM É VOCÊ
Canalizado por L.B. Mello Neto
Ensinamentos pleiadianos para conexão cósmica e espiritual

Canalizado por L.B. Mello Neto

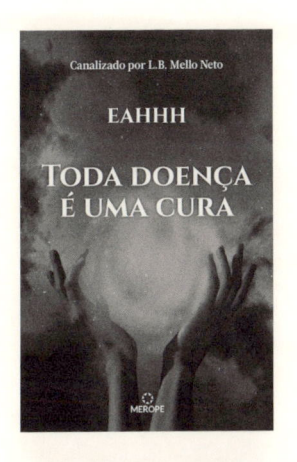

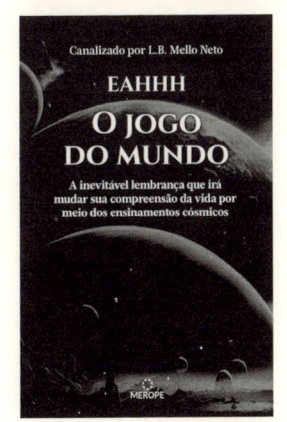

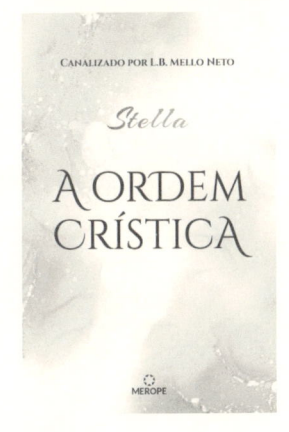

EAHHH
TODA DOENÇA É UMA CURA
MEROPE

YAHNON
Meditações cósmicas
Chaves de acesso aos portais de conexão
MEROPE

EAHHH
O JOGO DO MUNDO
A inevitável lembrança que irá mudar sua compreensão da vida por meio dos ensinamentos cósmicos
MEROPE

Stella
A ORDEM CRÍSTICA
MEROPE

TIPOLOGIA:	Carta Marina [títulos de capítulos]
	El Messiri [entretítulos]
	Source Serif 4 Variable [texto]
PAPEL:	Off-white 80 g/m² [miolo]
	Cartão 250 g/m² [capa]
IMPRESSÃO:	Formato Artes Gráficas [maio de 2025]